Faszinierendes

# Island

Bilder von
Max Galli

Texte von
Ernst-Otto Luthardt

Flechsig

*Erste Seite:*
*Im Gegensatz zum Großen Geysir und den anderen Springquellen auf Islands größtem Geothermalfeld, die des ewigen Spuckens müde geworden sind, ist auf den Strokkur (Butterfass) Verlass. Etwa alle zehn Minuten entzückt er die Touristen mit einer etwa 20 Meter hohen Fontäne aus Wasser und Dampf.*

*Vorherige Doppelseite:*
*Der zweigeteilte Goðafoss zählt zu den schönsten und berühmtesten Wasserfällen Islands. Im Jahre 1000 warf der Gesetzessprecher Þorgeir Þorkelsson die alten Götzenbilder in die Fluten, um sich so – für alle sichtbar – vom alten Glauben zu trennen. Ihm ist es auch zu verdanken, dass der Übergang zum Christentum unblutig verlief.*

*Rechts:*
*Im Sommer nutzen viele Touristen die Gelegenheit, mit einem Amphibienfahrzeug den Jökulsárlón zu befahren und dadurch den Eisbergen ganz nahe zu kommen. Da sich das Wasser im wahrsten Sinne des Wortes eiskalt gibt, ist die Sache nicht ganz so harmlos, wie sie vielleicht aussehen mag.*

*Seite 10/11:*
*Der um die Mitte des 18. Jahrhunderts erbaute und bis 1936 bewohnte Pfarrhof zu Laufás – heute Freilichtmuseum – beweist, wie gut es die Isländer verstehen, sich den natürlichen Gegebenheiten anzupassen. In solchen Grassoden-Häusern war es übrigens nicht nur warm, sondern auch gemütlich.*

# Inhalt

# Zwischen Feuer und Eis – Island

Wäre Mutter Erde nicht gleich zweimal schwach geworden, würde es kein Island geben. So aber spuckten zwei verschiedene Magmaquellen gemeinsam flüssiges Gestein aus, das vom Meeresgrund herauf zu einer Insel wuchs. Obwohl seit dieser Geburt 16 Millionen Jahre vergangen sind, halten die Nachwehen noch immer an. Das Kind, Europas jüngste Landmasse, ist offenbar noch dünnhäutiger als seine Mutter und will nicht aufhören, Feuer und heißes Wasser zu speien.

In einem besonders aktiven vulkanischen Gebiet liegen die Westmännerinseln. Auf älteren Karten fehlt jenes Eiland, das erst 1963 aus den Fluten aufgetaucht ist und den Namen Surtsey bekam. Zehn Jahre später, in einer dunklen Januarnacht, öffnete sich auf der Hauptinsel Heimaey die Erde und ein neuer Vulkan schleuderte Asche und Lava in den Himmel. Als er nach einem halben Jahr wieder erlosch, hatte das Land zwei Quadratkilometer hinzugewonnen. Bei dem Ausbruch waren zwar etliche Behausungen, aber kein einziges Menschenleben zu beklagen. Vor allem blieb der wichtigste Fischereihafen verschont. Als dessen Zufahrt abgeriegelt zu werden drohte, halfen sich die Isländer, indem sie die Lava gegen den Atlantik ausspielten: Sie kühlten sie mit Meerwasser ab und brachten sie dadurch zum Stillstand.

### Insel der Seefahrer

Der Erste, der seinen Fuß auf den unruhigen isländischen Boden gesetzt und sich dort ein Haus errichtet hat, soll ein Wikinger namens Garðar Svávarsson gewesen sein. Das Städtchen Húsavík, im Norden der Insel, erinnert mit seinem Namen – „Hausbucht" – und einem alljährlichen Fest an dieses Ereignis von 870. Da es aber der wackere Seefahrer nicht allzu lange dort ausgehalten hat, verspielte er die Chance, als erster Isländer in die Geschichtsbücher einzugehen. Das tat dann Ingólfur Arnarson, der zwar erst vier Jahre später anlandete, dafür aber blieb. Die schätzungsweise 20 000 bis 30 000 Menschen, die ihm in den nächsten Jahrzehnten folgten, kamen vor allem aus dem Westen Norwegens, aber auch von den Britischen Inseln. Das sogenannte „Landnahmebuch" verzeichnet die Namen und Besitzverhältnisse von mehreren Hundert dieser Einwanderer. Die Erstellung von Genealogien ist noch heute eine der Lieblingsbeschäftigungen der Isländer. Durch die isolierte Lage der Insel und die überschaubare Bevölkerungszahl (auf 103 100 Quadratkilometern leben rund 275 000 Menschen) kann jeder seinen Stammbaum weit zurückverfolgen und sich praktisch mit jedem verwandt fühlen. Interessanterweise haben die ersten Siedler die Insel sozusagen als Mutterschiff betrachtet und sind schon kurz nach ihrer Ankunft wieder zu neuen Ufern aufgebrochen. So gelangten sie 982 nach Grönland und um die Jahrtausendwende auch nach Nordamerika. Nachdem letztere Entdeckung von der wissenschaftlichen Welt über längere Zeit hinweg als Wunschdenken patriotischer Nordländer abgetan worden war, wurde in den sechziger Jahren des vergangenen Jahrhunderts auf Neufundland die Wikingersiedlung „L'Anse aux Meadows"

entdeckt. Wie hundert Jahre vor ihm Heinrich Schliemann hatte der Norweger Helge Ingstad nichts anderes getan, als Literatur ernst zu nehmen und ihren Wahrheitsgehalt zu überprüfen. Ausgangspunkt seiner Forschungen waren jene legendären Sagas, welche im 12. und 13. Jahrhundert niedergeschrieben wurden und sowohl mythologische als auch wirkliche Geschichte widerspiegeln. So ist es inzwischen mehr als wahrscheinlich, dass der Entdecker von Amerika nicht Christoph Kolumbus, sondern Leifur Eiríksson heißt.
Im Gegensatz zu diesem, der wieder in seine Heimat zurückgekehrt ist, suchten zwischen 1870 und 1914 fast 20 000 Isländer in den USA ihr Glück und blieben.

### An der Wiege des Parlamentarismus

Die Szenerie könnte großartiger nicht sein: Eine fantastische Lavalandschaft, geschmückt mit Moosen und Flechten, bunten Blumen und niedrigem Gehölz, wird von zwei tiefen Schluchten durchschnitten und einem großen See begrenzt. Die Rede ist von jenem Platz, nicht einmal eine Autostunde nordöstlich von Reykjavík, wo im Sommer 930 erstmals das Althing, die Volksversammlung, zusammengekommen ist und den Freistaat Island ausgerufen hat. Þingvellier, der „Heilige Ort aller Isländer“, umfasst eine Fläche von rund 50 Quadratkilometern und ist seit 1930 Nationalpark. Rund 1000 Jahre nach dem Freistaat wurde hier – und zwar am 17. Juni 1944 – auch die Republik Island proklamiert.
Das Althing bedeutete den Abschluss der 874 beginnenden Landnahme und den Beginn einer neuen gesellschaftlichen Phase. Waren die nach der Einwanderung entstandenen Godentümer – bei denen es sich zunächst um Tempelgemeinden, später auch um weltliche Zentren handelte – noch nach norwegischem Vorbild organisiert, genügte dies nun nicht mehr. Ganze drei Jahre nahm sich der weise Úlfljótur Zeit, um im Mutterland die Gesetze zu studieren und diese den besonderen Bedingungen der neuen Heimat anzupassen. Nach seiner Rückkehr präsentierte er sie in Þingvellier der Volksversammlung. Obwohl er von einem erhöhten Ort, dem heute mit einer Steintafel und der Landesflagge gekennzeichneten Lögberg (Gesetzesfelsen), aus sprach, mussten er und all jene, die ihm als Gesetzessprecher nachfolgten, nicht nur eine gute Stimme, sondern auch ein geradezu phänomenales Gedächtnis besitzen. Letztere Fähigkeit war zumindest bis zum Jahr 1117 gefragt, denn bis dahin existierten die Gesetze nur in mündlicher Überlieferung. Im übrigen ging es auf dem Althing nicht nur gesetzesernst, sondern auch recht lustig zu. Man aß und trank, hielt Markt, stiftete Ehen, trug Gesänge und Gedichte vor und verlustierte sich bei Spielen und Ringkämpfen.

### Geschichte und Geschichten

„Ragnarök“ ist der altnordische Name für die Schicksalsstunde der Erde. Ihrem Untergang gehen drei Jahre erbitterter Kämpfe voraus. Axtzeit und Schwertzeit, Windzeit und Wolfszeit. Der Sohn schont den Vater nicht und der Vater nicht den Sohn. Auch die Götter meucheln sich gegenseitig und setzen zuletzt die Welt in Flammen. Doch nach diesem Weltfeuer erhebt sich eine neue Erde aus dem Meer, eine neue Sonne fährt über den Himmel. Die beiden Menschen, die das Inferno überlebt haben, begründen ein Volk, das weder Leid noch Not oder Bosheit, sondern nur Unschuld und Freude kennt. „Da wird der Höchste / herrschen, / der Starke von oben, / der allem gebietet“, heißt es

*Am Miklavatn im Norden Islands. Der nahe der Ortschaft Siglufjörður gelegene, rund sechseinhalb Quadratkilometer große und an seiner tiefsten Stelle 23 Meter messende See, der durch eine schmale Nehrung vom Meer getrennt ist, gilt als beliebtes Angelrevier. Gefangen werden nicht nur Seeforelle und Lachs, sondern auch Kabeljau und Goldbutt, eine Schollenart.*

*Blick auf den Hafen von Heimaey auf den Westmännerinseln. Durch den rund fünf Monate währenden Ausbruch des Vulkans Eldfell im Jahre 1973 wurden zwei Drittel der Häuser zerstört und die übrigen unter einer dicken Ascheschicht begraben. Menschen kamen jedoch nicht zu Schaden. Die meisten Bewohner kehrten nach der Evakuierung wieder auf ihre Insel zurück.*

in der „Edda“, einer der großen alten Dichtungen der Weltliteratur. Die darin enthaltenen Götter- und Heldenlieder entstanden zwischen dem 8. und dem 12. Jahrhundert; einige sollen noch älter sein. Entdeckt wurde die Liedersammlung erst vor rund 350 Jahren. Da kannte man aber schon etliche Akteure und Geschehnisse aus einer um 1220 geschriebenen Prosafassung, deren Autor Snorri Sturluson heißt.
Islands zweiter großer Beitrag zur frühen Literatur sind die Sagas. Größtenteils im 13. Jahrhundert niedergeschrieben, schildern diese Prosaerzählungen die blutigen Auseinandersetzungen im ersten Jahrhundert des isländischen Freistaates. Im Kampf um die Macht waren schon damals Mord und Totschlag die üblichen Mittel. Dass diese Geschichten über die Jahrhunderte hinweg den Einheimischen so wichtig und oft bis ins kleinste Detail vertraut geblieben sind, liegt vor allem daran, dass man dort noch fast die gleiche Sprache spricht wie zu mittelalterlichen Zeiten. Ein anderer entscheidender Grund ist, dass viele der Schauplätze genau zu lokalisieren sind.

### Ankunft im 21. Jahrhundert

Der oft beklagten geografischen Randlage Islands entsprach die politische. Lange unberührt von den Ereignissen im zentralen Teil Europas, waren die gewaltsame Einführung der Reformation 1540 bis 1550, das Verbot jeglichen Handels mit einem anderen Staat als Dänemark 1602 und der von englischen Kaufleuten inszenierte Putsch von 1809, bei dem sich der dänische Abenteurer Jørgen Jørgensen für ganze 100 Tage zum König aufgeschwungen hatte, über Jahrhunderte hinweg die wichtigsten politischen Ereignisse. Weitaus folgenreicher für die Isländer war freilich die Pest von 1402 bis 1404, der zwei Drittel der Bevölkerung zum Opfer fielen, sowie jeweils zu Beginn und am Ende des 18. Jahrhunderts weitere Epidemien und verheerende Vulkanausbrüche. Danach gab es nur noch 40 000 Menschen, so dass man erwog, Island aufzugeben und den Rest der Bevölkerung nach Jütland umzusiedeln.
Doch bereits Mitte des 19. Jahrhunderts war nicht nur die Bevölkerung gewachsen, sondern auch das Nationalbewusstsein erstarkt. So wurde 1843 das Althing, zumindest als beratende Einrichtung, neu belebt, und es begann sich eine Unabhängigkeitsbewegung zu formieren. Nachdem sich die Dänen erst 1918 zur Entlassung Islands in eine weitgehende Selbstverwaltung entschließen konnten, verschaffte man sich dort, gewissermaßen nach alter Wikingermanier, den Rest im Handstreich und verkündete 1944, als das von den Deutschen besetzte „Mutterland“ andere Probleme hatte, einseitig die nationale Unabhängigkeit. Seither sind Land und Gesellschaft im Wandel. Die über Jahrhunderte unveränderte Agrarstruktur wurde modernisiert und unter Nutzung von Erdwärme und Wasserkraft eine fortschrittliche Industrie aufgebaut. Etwa 50 Kilometer von Reykjavík landeinwärts entstand ein wahres Paradies – unter Glas. Dank der großen geothermischen Ressourcen und des Erfindergeistes der Ingenieure und Gärtner wuchs hier ein riesiger Treibhauskomplex: Die kleine Kommune Hveragerði wurde zu Islands Gartenstadt.
Inzwischen hat das Land auch in der Politik Schlagzeilen gemacht. Wurde doch 1980 – ausgerechnet in dieser traditionellen Männergesellschaft – mit Vigdís Finnbogadóttir erstmals eine Frau zum Staatsoberhaupt gewählt. Und es war mit ihr Verdienst, dass sich sechs Jahre später Reagan und Gorbatschow in Reykjavík zusammenfanden, um das Ende des Kalten Krieges

einzuleiten. Hatte man doch hierzulande jahrhundertealte Erfahrung damit, Feuer und Eis – also die größten Gegensätze – miteinander zu versöhnen.
Fragt man einen Isländer, welches Datum aus der jüngeren Geschichte seines Landes er für besonders wichtig hält, wird er vielleicht auf den 1. März 1989 verweisen – um schmunzelnd aufzuklären, dass an jenem Tag das fast acht lange Jahrzehnte währende Bierverbot rückgängig gemacht wurde.

### Brennendes Eis

Seit der Besiedlung der Insel vor mehr als 1100 Jahren wurden – abhängig davon, ob man verschiedene, über längere Zeit anhaltende Eruptionen ein- oder mehrmals zählt – zwischen 250 und 500 Ausbrüche registriert. Anteil daran hatten und haben rund 200 Vulkane innerhalb von rund 30 Vulkansystemen, die auf drei Gebiete verteilt sind. Das größte davon reicht vom Südosten des Landes bis in dessen Nordosten und markiert jenen mächtigen, Mittelatlantischer Rücken genannten Riss, der die Eurasische und die Amerikanische Platte, also die beiden Kontinente, jährlich ein paar Zentimeter mehr voneinander abbringt. Die beiden anderen Schwerpunkte vulkanischer Tätigkeit sind die Halbinsel Snæfellsnes und ein Gebiet, das gewissermaßen das feurige Herz Südislands verkörpert. Dafür, dass dieses nicht zur Ruhe kommt, sorgt unter anderem die Hekla, deren Aktivitäten die aller anderen Vulkane weit übertreffen. Verheerende Ausbrüche – so zu Beginn des 12. Jahrhunderts und vor allem zwischen 1766 und 1768 – haben dem zur Gruppe der sogenannten „Spaltenvulkane" gehörenden Berg zu trauriger Berühmtheit verholfen. Kein Wunder, dass man ihn schon zu frühen Zeiten als Höllenort identifizierte und fromme Schauergeschichten über jene Legionen von Verdammten verbreitete, die in seinem Schlund brieten. Keine imaginäre, sondern die wirkliche Hölle durchlebten die Isländer 1783/84, als über acht Monate aus der Laki-Spalte Unmengen von Lava, Asche und giftigen Dämpfen quollen. Die Bilanz war grauenvoll: Das Land verlor ein Fünftel seiner Bevölkerung und zwei Drittel seines Viehbestandes.
Mehr noch als die glühende Lava fürchtet man hier jedoch die Gletscherläufe. Verantwortlich dafür sind jene Vulkane, die unter einer dicken Eisdecke zum Leben erwachen und diese zum Schmelzen bringen. Dieses Bündnis zwischen den Elementargewalten Feuer und Eis führt zu ungeheuren Flutwellen, die auf ihrem Weg zum Meer Schlamm und Steine mit sich reißen. Besonders berüchtigt für solche Ausbrüche sind der Grímsvötn unter dem Eis des Vatnajökull und vor allem die „alte Hexe" Katla (unter dem Mýrdalsjökull), der es in der Regel alle paar Jahrzehnte danach ist, sich mit dem Gletscher anzulegen. Beim bislang letzten Mal, 1918, wurde dabei so viel Geröll ins Meer geschüttet, dass die Insel um einige Quadratkilometer hinzugewann.

### Nachrichten aus der Anderswelt

In Island gehört der Umgang mit Trollen, Elfen und Feen fast zum Alltag. Gibt es doch allein in Reykjavík mehr als ein Dutzend angeblicher Aufenthaltsstätten des „Verborgenen Volkes". Die wohl bekannteste findet sich an der Peripherie der Stadt, wo sich die Ringstraße gen Süden und Norden gabelt. Da sie verbreitert werden musste, stand ein großer Stein im Wege. Bohrer zerbrachen, Planierraupen streikten, Arbeiter erkrankten. Ehe diese Geschichte in einen Elfenkrieg mündete – der

*Am Kap Dyrhólaey, der knapp 120 Meter hohen „Türhüterinsel", die vor 80 000 Jahren bei einem Vulkanausbruch geboren wurde, gibt sich die Küste besonders malerisch. So braucht es auch nicht allzu viel Fantasie, um sich unter den bizarren Basaltformationen, die aus dem Wasser ragen, versteinerte Trolle oder andere Fabelwesen vorzustellen.*

*Das heiße Wasser, das auf Island an vielen Stellen aus der Erde dringt, garantiert ganz besondere Badefreuden mitten in der freien Natur. So auch die „Heißen Quellen der Landmänner" (Landmannalaugar), die an einer legendären Hochlandpiste liegen.*

*Rechte Seite: Am Skógafoss. Der vielbesuchte Wasserfall wurde 1978 unter staatlichen Schutz gestellt. Weiter bergwärts gibt es noch einige kleinere Wasserfälle zu bewundern.*

*Seite 18/19: Der Svartifoss gleicht einer gigantischen Freilichtbühne. Über eine Wand aus riesigen Basaltsäulen schießt das Wasser in die Tiefe. Und ein Pfad führt sogar hinter die Kulissen dieses Spektakels. So sieht man den „Vorhang" nicht nur von vorne, sondern auch aus der Bühnenperspektive.*

auch für isländische Verhältnisse ein Novum gewesen wäre –, gelang es einem Medium, Kontakt zu den „Verborgenen" herzustellen und sie mit den Menschen auszusöhnen.
Trotz dieser spektakulären Geschehnisse gilt nicht Reykjavík, sondern das etwa zehn Kilometer entfernte Hafnarfjörður als „Hauptstadt der Elfen". Die mitten in einem alten Lavafeld errichtete Kommune zählt heute knapp 20 000 Einwohner – oberirdische und sichtbare wohlgemerkt –, während sich unter der Erde und den meisten Blicken entzogen noch viel mehr aufhalten sollen. Der „Dvergasteinn" (Zwergenstein) neben der Kirche oder jener Felsen, der die Merkurgata fast zusperrt, vor allem aber der „Hamarinn" genannte Lavahügel im Herzen der Stadt, in dem Elfen königlichen Geblüts Hof halten sollen, gelten als unübersehbare Zeichen ihrer Anwesenheit.
Der romantischste elfische Ort auf der Insel heißt Borgarfjörður eystri. Wenn man von Egilsstaðir in nordöstliche Richtung fährt, scheinen einem die Berge zunächst wie das Ende der Welt. Nähergekommen entdeckt man dann einen hellen Strich, der im Zick-Zack die Wände hinaufführt und weiter in die Wolken hinein. Das Felsbild entpuppt sich als Straße, die schon von unten Schwindel erregt. Doch da, wie gehört, die einheimischen Wegebauer mit den guten Geistern kooperieren, besteht kein wirklicher Grund zur Sorge. Auf der Passhöhe öffnen sich fantastische Aussichten. Verloren fast wirkt die Straße hinunter zum Meer, die die Felsen entlang schwingt und sich dann gar darin zu verlieren scheint. Wenn man schon nicht mehr daran glaubt, dass dieser Weg überhaupt ein Ende hat, mündet er in eine Bucht. Eine Handvoll Häuser, eine kleine Kirche und daneben ein großer Felshügel. Die Álfaborg ist Sitz der Elfenkönigin, wie eine ganze Reihe von Legenden zu berichten weiß. Und auch wenn den meisten ihr Anblick verborgen bleibt, entdeckt sich in der Umgebung zumindest ein Teil ihres Geschmeides – bunte Mineralien, die die Felswände schmücken. Wer angesichts dieses betörenden Schauspiels noch immer an der Existenz des „Verborgenen Volkes" zweifelt, möge sich an Jesus halten oder zumindest an das Altarbild des kleinen Gotteshauses, das ihn bei der Bergpredigt auf der Álfaborg zeigt.

### Badefreuden der ungewöhnlichen Art

Neben den erwähnten zerstörerischen Kräften macht sich das Erdfeuer auch nützlich. Nirgendwo sonst auf der Welt gibt es so viele heiße Quellen wie in Island. Diese liefern für circa 80 Prozent der Bevölkerung Heizwärme. Nicht zu vergessen die vielen Schwimmbäder, die selbst das kleinste Nest sein Eigen nennt. Auf die Zahl der Bevölkerung bezogen dürfte das Land auch darin den Rekord halten. Immerhin zählt zu den ältesten baulichen Hinterlassenschaften, die aus dem alten Island auf uns gekommen sind, auch eine Badeanstalt. Die „Snorralaug", wie der heiße Pott zu Reykholt genannt wird, ist rund 800 Jahre alt und bietet Platz für ein Dutzend Leute. In den Reiseführern wird die Blaue Lagune in den Lavafeldern bei Grindavík als „bester Badeplatz zwischen Europa und Amerika" gepriesen. Das durch die benachbarte Energiefabrik aus 1000 Metern Tiefe geholte und zum Wärmeaustausch genutzte heiße Wasser hat einen künstlichen See entstehen lassen. Dort ist ganzjähriges Baden garantiert. Und die Mineralien sorgen nicht nur für die blaue Farbe des Wassers, sondern auch fürs Wohlbefinden und Heilung bei verschiedenen Leiden. Wer es ganz extrem mag, komme ins Hochland zum Kverkfjöll – und zwar im Winter. Dann garantiert der von unter dem Eis liegenden heißen Quellen gespeiste Gletscherfluss ein einzigartiges Badeerlebnis zwischen Himmel und Hölle. Hier scheiden sich auch die wahren Island-Freaks von denjenigen, deren Abenteuergeist vor allem aus der Stärke ihres Geländewagens resultiert.

# Reykjavík und mehr – der Westen

Glaubt man der Legende, so soll es Gott Odins Wille gewesen sein, dass sich die Einwanderer ausgerechnet hier, in der „Rauchbucht“ – wie die Übersetzung von Reykjavík lautet – niedergelassen haben. Immerhin beheizen die heißen Quellen heute sämtliche Gebäude und Bäder sowie auch die winterlichen Gehsteige. Dabei raucht kein einziger Schornstein, sondern allenfalls die Erde. Das imposanteste Bauwerk der Stadt ist die Hallgrimmskirche, das spektakulärste zeitgenössische sind jene durch eine gläserne Kuppel gekrönten Heißwassertanks auf dem Hügel Öskjuhlið.

Im Norden der nördlichsten Metropole der Welt liegt die Halbinsel Snæfellsnes, von der die Isländer sagen, dass sie alle Landschaften der Insel vereine. Den schönsten Blick auf den seit nunmehr 2000 Jahren schlafenden Vulkangletscher Snæfellsjökull gewinnt man vom Meer aus. Obwohl der markante Doppelgipfel nur etwas mehr als 1400 Meter hoch ist, geraten bei seinem Anblick selbst weitgereiste Besucher ins Schwärmen.

Je weiter man gen Norden – mit der fünffingrig ins Meer reichenden Halbinsel Vestfirðir – kommt, desto weniger Ortschaften gibt es. Ebenso findet sich an der gesamten Südküste kein einziger Hafen, der Lohn und Brot böte. Dafür Eis und Feuer, Gletscher und Vulkane – die bedrohen und zerstören, aber auch formen. So das fast 120 Meter senkrecht in die Tiefe abfallende Kap Dyrhólaey, das früher eine Insel gewesen ist, die dann mit dem Meer Vermählung gefeiert hat. Wenn das Wetter danach ist, reicht der Blick von der Klippe bis zu den Westmännerinseln.

*Oben:*
*Von der Kuppel des Restaurants „Perlan", das auf einem riesigen Heißwassertank liegt, bietet sich ein fantastischer Blick auf Reykjavík. Unübersehbare Dominante der rund 110 000 Einwohner zählenden Hauptstadt des Landes ist die Hallgrímskirkja. Begonnen 1945, erlebte das Gotteshaus erst 41 Jahre später seine Vollendung.*

*Links:*
*Arnarstapi im Abendlicht. Das kleine Fischerdorf auf der Halbinsel Snæfellsnes darf sich einer besonders malerischen Umgebung rühmen. Während des Sommers fallen jedoch nicht nur Touristen ein, sondern auch viele Fischer. Letztere zieht nicht die bizarre Küste, sondern der Kabeljau hierher.*

Linke Seite:
Island liefert immer neue Aus- und Einsichten. Hier der Blick von der – inzwischen verlandeten – Insel Dyrhólaey auf den weißleuchtenden Mýrdalsjökull. Der viertgrößte Gletscher der Insel erstreckt sich über eine Fläche von mehr als 700 Quadratkilometern.

Die Vulkanlandschaft der Eldhraun verdankt ihre Entstehung jener verheerenden Katastrophe von 1783/84, als acht Monate lang aus etwa 130 Stellen der Laki-Spalte Unmengen von Lava, Asche und giftigen Dämpfen quollen und das Land ein Fünftel seiner Bevölkerung und zwei Drittel seines Viehbestandes verlor.

Landschaft nahe Vik. In Island stößt man immer wieder auf Höfe, die seit der Einwanderungszeit nachgewiesen sind. Das sogenannte „Landnahmebuch" verzeichnet die Namen und Besitzverhältnisse von rund 430 Familien.

*Am Kap Dyrhólaey. Ob nun auf oder unterhalb der Felseninsel – beide Standorte sind gleichermaßen überwältigend. Kein Wunder, dass die Fotos von dieser Gegend besonders viele Urlaubsalben zieren. Das heißt aber auch, dass man hier mit einiger Sicherheit auf jene Island-Reisenden trifft, denen man bei der Fahrt auf der knapp 1500 Kilometer langen Ringstraße schon an verschiedenen anderen Stationen begegnet ist. Um den vielen Vögeln, denen die Insel schon lange vor den Menschen gehörte, die nötige Ruhe bei der Brut zu sichern, ist die Straße zum Leuchtturm im Mai und Juni gesperrt. Der Klang einer Harfe indes scheint sogar geeignet, Natur und Zivilisation zu versöhnen. Ob es Georg Baum gelingt, mit der „Verborgenen Welt" Kontakt aufzunehmen? Die druidische Ausbildung bringt er zumindest mit.*

*Angesichts solcher fantastischer Felsformationen, wie sie am Kap Dyrhólaey zu sehen sind, hegen die Isländer nicht die geringsten Zweifel, dass hier das Verborgene Volk seine Hände im Spiel hat. Während Norwegens Trolle, Irlands Elfen oder Frankreichs Feen vor allem in den Legenden und Märchen beziehungsweise in den Regalen der Souvenirgeschäfte leben, wo sich die eigentlich Unsichtbaren in Plastik oder Plüsch zeigen und brav auf ihre Käufer warten, gehört in Island der Umgang mit dem Geistervolk fast zur Alltäglichkeit.*

Linke Seite:
*Ein Naturspektakel, das an Dramatik kaum noch zu überbieten ist, bietet der Skógafoss. Das Wasserspiel beginnt in rund 60 Meter Höhe. Von dort schießt der 25 Meter breite Fluss über die Basaltfelsen nach unten. Sein Aufprall ist mindestens so laut wie ein großes Orchester.*

*Es gibt wahrlich nicht so viele Plätze auf dieser Welt, die Anglern eine so schöne Kulisse zu bieten haben, wie der Skógafoss. Bleibt nur zu hoffen, dass der Mann neben seinem Tun auch noch einen Blick für seine Umgebung hat.*

*Landschaft nahe Skógar. Die Wolken über den Bergen ziehen meerwärts und es ist zu befürchten, dass sie sich vorher noch entladen. Und das ziemlich ausgiebig. Im allerschlimmsten Falle führt das dazu, dass der Island-Aufenthalt im wahrsten Sinne des Wortes ins Wasser fällt. Grundsätzlich gilt jedoch, dass das Wetter hierzulande, im Guten wie im Schlechten, relativ rasch wechselt.*

Seite 28/29:
*Obwohl der Selfoss noch breiter ist als sein berühmter, nur einen Kilometer entfernte Nachbar, der Dettifoss, steht er eindeutig in dessen Schatten.*

*Unter den vielen Wasserfällen Islands sind die Hraunfossar („Lavafälle") etwas ganz besonderes: Von einem unterirdischen Zulauf gespeist, tritt an der Böschung des Gletscherflusses Hvítá auf breiter Front das Wasser zutage und bietet einen überaus romantischen Anblick.*

*Islandpferde. Die isolierte Lage der Insel und die Sorge der Bewohner, Krankheiten einzuschleppen – andere Pferde dürfen bis heute nicht in das Land gebracht werden und die einheimischen, die es einmal verlassen haben, nicht mehr zurück –, waren der Grund für das Überleben einer mehr als tausendjährigen Rasse mit ungewöhnlichen Eigenschaften.*

*Das kleine Reykholt wurde durch den großen mittelalterlichen Staatsmann, Schriftsteller und Geschichtsschreiber Snorri Sturluson bekannt, der hier von 1206 bis zu seiner Ermordung 1241 lebte. Dem Verfasser der „Heimskringla" (Genealogie der norwegischen Könige) und der „Prosa-Edda" ist eine Ausstellung im Untergeschoss der neuen, im Jahre 1996 geweihten Kirche gewidmet. Diese dient übrigens auch als Veranstaltungsort eines bekannten Festivals klassischer Musik.*

*Der Gullfoss, der Goldene Wasserfall, stürzt sich in zwei Stufen 31 Meter in die Tiefe. Golden leuchtet der Fall vor allem im späten Licht des Tages. Im Winter dagegen verwandelt er sich in einen Palast der Schneekönigin.*

*Islandpferde wachsen in ihrer Heimat in der freien Natur auf. Nur die Reittiere verbringen den Winter im Stall. Erst mit vier oder fünf Jahren werden sie zugeritten. Dafür behalten sie noch im Alter von 20 bis 25 Jahren ihre volle Leistungsfähigkeit.*

*Rechte Seite:*
*Außer den vollblütigen Arabern gibt es keine andere Rasse, die über Jahrhunderte hinweg so rein gezüchtet wird wie die der Islandpferde. Dessen Stammvater war das Fjordpony, das mit den ersten Siedlern auf die Insel kam und schon im 10. Jahrhundert durch ein Importverbot anderer Pferde geschützt wurde.*

*Seite 34/35:*
*Im Naturpark Þórsmörk. In unzähligen Armen durchfließt der Krossá-Fluss auf seinem Weg zum Meer das Tal des Donnergottes Thor. Wer hier mit dem Wagen unterwegs ist, braucht, nicht nur ein geländegängiges Gefährt, sondern auch fahrerisches Können.*

*Am Fluss Bakkakotsá. Im Hintergrund der weißhäuptige Eyjafjallajökull, ein subglazialer Vulkan, der das letzte Mal vor rund 185 Jahren ausgebrochen ist. Mit 1666 Metern ist er der größte Berg an der südlichen Küste. Er speist mehrere Wasserfälle, darunter auch den beeindruckenden Seljalandsfoss.*

*Die schwarze Sand- und Schotterwüste des Mýrdalssandur umfasst derzeit rund 700 Quadratkilometer. Doch die Gletscherflüsse wie der Blautakvisl sorgen dafür, dass sie immer größer wird. Man schätzt, dass jedes Jahr an die 50 Millionen Tonnen Steine und Sand in den großen Sanderebenen des Südens abgeladen werden. So wächst das Land immer weiter ins Meer hinein.*

*Wie dem „Landnahmebuch" zu entnehmen ist, hießen die ersten Siedler, die sich in der Gegend von Þórsmörk niederließen Ásbjörn und Steinfinnur Reyrketilsson. Heute zieht es vor allem Wanderer hierher.*

*Der Jökulsá á Fjöllum gehört ebenfalls zu jenen Gewässern, denen die Gletscher nicht nur ihr Wasser, sondern auch ihren steinernen Schutt mitgeben. Herr über diesen Fluss ist der mächtige Mýrdalsjökull, der im Hintergrund zu sehen ist.*

*Obwohl man in Island an Wasserfällen wirklich keinen Mangel leidet, wurde der Öxarárfoss im Mittelalter von Menschenhand angelegt, um die Altingstätte (Þingvellir) mit Wasser zu versorgen. Das heißt, er ist gewissermaßen das älteste erhaltene Zeugnis der Besiedlung des Landes.*

*In der Kirche von Þingvellier hängt jene Glocke, die der norwegische König Olav im Jahre 1018 den Isländern zum Geschenk und der Nobelpreisträger Halldór Laxness mit seinem Roman „Die Islandglocke" weltweit bekannt gemacht hat. Das fünfgiebelige Gebäude rechts ist das Pfarrhaus.*

*Die vollmundige Behauptung, dass die „Blaue Lagune“ der „beste Badeplatz zwischen Europa und Amerika“ sei, ist nicht einmal übertrieben. Jeder, der schon einmal in das 38 Grad warme, milchige Wasser gestiegen ist, wird dies vorbehaltlos bestätigen.*

*Ursprünglich direkt neben dem Kraftwerk gelegen, hat der Badesee seit 1999 einen etwas weiter entfernteren neuen Standort. Dort entstand an Stelle des alten Lavabeckens eine moderne und großzügige Badelandschaft mit allem Komfort. Ihr ist auch eine Klinik zur Behandlung von Hautkrankheiten angeschlossen.*

*Linke Seite:*
*Da die letzte Eruption des Hengill-Vulkans ungefähr zwei Jahrtausende zurückliegt, hat das Moos viel Zeit gehabt, die Lava zu begrünen. Das Hellisheiði genannte Hochplateau im Südwesten der Insel ist ein beliebtes Wanderziel.*

*Der Naturfreund findet in Island eine große Vielfalt an Vögeln. Rund 70 Arten nisten auf der Insel. Während einige davon nur mit Spezialkenntnissen bestimmt werden können, machen es die possierlichen Papageientaucher dem Beobachter leicht. Mit ihrem schwarz-weißen Federkleid und dem großen roten Schnabel sind sie ganz bestimmt nicht zu verwechseln. Da sich ihre Nester ganz oben befinden – in Höhlen, die sie entweder selbst gegraben oder von Kaninchen übernommen haben, gelten sie gewissermaßen als die Penthouse-Bewohner der Klippen.*

Die Wikinger besaßen nicht nur herausragende nautische Kenntnisse, sondern auch – für ihre Verhältnisse – hochmoderne Schiffe, auf denen neben dem Vieh eine zwanzigköpfige Besatzung Platz fand. Am Strand von Reykjavík erinnert dieses Denkmal an die Besiedlung der Insel. An jene Zeit also, als aus den Piraten Landnehmer und Staatsgründer wurden.

Linke Seite:
Vom 76 Meter hohen Turm der Hallgrímskirche in Reykjavík bietet sich ein weiter Blick über die Stadt, die Insel und das Meer. In diesem Falle gen Norden. Bei schönem Wetter könnte man am Horizont sogar den Gletscher Snæfelsjökull ausmachen. Umgekehrt ist das – nachts erleuchtete – Kreuz der Kirche schon aus einer Entfernung von 100 Kilometern zu sehen.

Das „Tal der heißen Quellen“ (Laugardalur) zu Reykjavík wird vielfältig genutzt. Wohnungen, Gewächshäuser und Bäder erhalten sowohl Wärme als auch heißes Wasser. Apropos Bäder: Das Laugardalslaug ist das größte der Stadt und fast immer gut besucht.

*Im „Höfði", dem sozusagen auf halber Strecke zwischen Moskau und Washington gelegenen Gästehaus der Stadt Reykjavík, trafen 1986 Michail Gorbatschow und Ronald Reagan zusammen, um über Abrüstung und politische Entspannung zwischen den beiden großen Machtblöcken zu sprechen.*

*Die riesigen Heißwassertanks auf dem Hügel Öskjuhlið bilden ein futuristisches Ensemble von Restaurant, Palmengarten und Ausstellungsraum. Angesichts der zugegebenermaßen fantastischen nächtlichen Illumination soll schon so mancher, in die Fänge von König Alkohol geratene Tourist des Glaubens gewesen sein, ein UFO zu sehen.*

*Das Nationalmuseum in Reykjavík ging aus einem 1863 gegründeten Antiquitätenmuseum hervor. Die verschiedenen Abteilungen und Sammlungen vermitteln einen umfassenden Überblick über Land und Leute und lohnen auch bei schönem Wetter einen Besuch.*

*Nachdem sich die isländischen Parlamentarier bis dato nach alter Tradition in Þingvellir, dem Ort der Staatsgründung, getroffen hatten, zogen sie 1881 von der freien Natur in ein festes Haus um. Das Alðingishús, ein Basaltgebäude, wurde von dem dänischen Architekten Ferdinand Mehldal entworfen.*

*Seite 46/47:*
*Die kleine Ortschaft Hellnar auf der Halbinsel Snæfellsnes kann sich einer pittoresken Küstenlandschaft rühmen. Darüber hinaus finden nicht nur Naturfreunde, sondern auch Esoteriker hierher, die im Snæfellsjökull ein geheimnisvolles energetisches Zentrum sehen.*

*Linke Seite:*
*Unter Kennern gelten die Hraunfossar als die schönsten Fälle des Landes. Der unterirdische Fluss, der hier auf einer Breite von etwa einem Kilometer aus der Erde drängt, bildet einen großen Wasservorhang, der sich die Schlucht hinabsenkt, um dort in den Hvítá-Fluss einzutauchen.*

*Angesichts des Überangebotes an wilder, bizarrer Küste will es etwas heißen, wenn Island-Fans leuchtende Augen bekommen, sobald sie über die Halbinsel Snæfellsnes reden und namentlich über die Gegend zwischen Hellas und Arnarstapi.*

*Kaum zu glauben, dass es in dem beschaulichen Fischereihafen von Arnarstapi richtig eng zugeht und zwar im Sommer zum Kabeljaufang. Außer großartiger Natur findet man hier auch ein großes steinernes Denkmal des Saga-Helden Bárður Snæfellsás.*

*Selbst weitgereiste Weltenbummler zögern nicht, den seit mehr als 2000 Jahren schlafenden Vulkangletscher Snæfellsjökull – obwohl er sich nur reichlich 1400 Meter dem Himmel nähert – zu den schönsten Bergen der Erde zu zählen. Den besten Blick auf den markanten Doppelgipfel hat man freilich nicht vom Land, sondern vom Meer aus.*

*Ein Sturm zieht auf (bei Hellnar). Nicht ohne Grund wird in den Reiseführern ausdrücklich darauf hingewiesen, dass bei einer Islandreise regen- und winddichte Oberbekleidung sowie warme Jacken, festes Schuhwerk und auch eine Mütze ins Gepäck gehören.*

*Kirche in Hrafnseyri. Der Name des Ortes geht auf Hrafn Sveinbjarnarson zurück – den ersten Arzt des Landes, der sich einer akademischen Ausbildung rühmen durfte. In Hrafnseyri erblickte Jón Sigurðsson, der unermüdliche Streiter für die Unabhängigkeit des Landes, das Licht der Welt. Neben seinem liebevoll restaurierten Geburtshaus lohnt auch das ihm gewidmete Museum den Besuch.*

*Bedingt durch die geografische Lage des Landes sind die Sommertage sehr lang und es bleibt auch in den Nächten ziemlich hell. Unter diesem geheimnisvollen Licht verändert die Landschaft ihr Aussehen, wird, wie die Einheimischen glauben, zur Bühne für das Verborgene Volk – das es allerdings vorzieht, wie gehabt unsichtbar zu bleiben.*

*Seite 52/53:
Am Dýrafjörður bei Þingeyri. Der alte Gerichts- und Handelsplatz an dem für seinen Fischreichtum bekannten Fjord zählt heute nicht einmal 500 Einwohner. Bergwanderer schätzen die Ortschaft als Ausgangspunkt für Touren in die „Alpen der Westfjorde".*

*Flussniederung bei Varmahlíð im Winterkleid. Die Gegend um den Skagafjörður war Schauplatz vieler Begebenheiten aus der Saga-Literatur. So fand 1246 nahe dem heute verlassenen Hof Haugsnes die größte Schlacht des mittelalterlichen Island statt.*

*Fjordlandschaft ohne Menschen. Das einsame Haus am im Nordwesten des Landes gelegenen Hrútafjörður ist nur noch Attrappe. Die Alten sind verstorben, die jungen Leute in eine andere Gegend gezogen, wo es sich leichter leben lässt.*

*Wie nicht zu übersehen ist, hat sich die Natur auch hier, am Dýrafjörður, große Mühe gegeben. Die Idylle aus Grün, Grau, Blau und Weiß liegt etwas vom Meer entfernt. An der Küste selbst ist die Landschaft wieder ganz anders, dominiert der kahle Fels.*

*Bei dem ein paar Kilometer westlich von Varmahlíð stehenden winzigen Kirchlein von Víðimýri handelt es sich um eines der wenigen Grassoden-Gotteshäuser in Island, die den Zeiten und Mächten widerstanden haben. Der malerische Bau stammt aus dem Jahre 1834.*

*Seite 56/57:*
*Glaumbær, das bekannteste und auch interessanteste Freilichtmuseum Islands, liegt im Norden der Insel. Um einen alten Grassoden-Hof, der bis vor einem halben Jahrhundert noch bewohnt war, gruppieren sich verschiedene andere historische Gebäude.*

# Fjordeinsamkeit – der Osten

Wer schon einmal auf Island gewesen ist, weiß, dass es im Osten nicht weniger landschaftliche Höhepunkte gibt als im Westen. Hinzu kommt, dass man sie kaum mit anderen zu teilen braucht. Vielen Bewohnern hingegen war die Abgeschiedenheit Grund genug, ihre Dörfer zu verlassen.

Von Höfn kann man Europas größten Gletscher, den Vatnajökull, am besten erkunden. Wie die Fühler eines riesigen Insekts schieben sich dessen Eismassen gen Meer. Dazwischen, als Teppich aus glitzerndem Quarz, die langgestreckten Sander, die das Schmelzwasser vor den Endmoränen abgelagert hat.

Ein Ort absoluter Einsamkeit inmitten einer grandiosen Landschaft ist der Fjord mit Namen Mjóifjörður mit der nahezu verlassenen Siedlung Brekka. Von Egilsstaðir als Ausgangspunkt sind es nicht mehr als 40 Kilometer. Doch die Serpentinen hinunter zum Meer haben es in sich. Und die fantastischen Aussichten hinauf auf die Berge, hinunter in die Abgründe, zu den vielen Wassern, die über die Felsen schießen, erfordern Zeit. Ist man aber einmal am Strand und allein, geht die innere Uhr isländisch – das heißt langsamer, aber auch intensiver. Zeigen sich dann noch spielende Wale, könnte es durchaus sein, dass jener Zauberer darunter ist, der einst vom dänischen König Harald Gormson ausgeschickt wurde, um sich auf der Insel umzusehen. Sein Bericht über den Osten lautete: „Da war nichts als Sand und Öde und draußen davor große Brandung, und das Meer geht da so hoch, dass Schiffe nicht fahren mögen."

Oben:
Abendstimmung am Jökulsárlón. Der mit Eisbergen gespickte See und seine Umgebung sind nun wieder menschenleer. So steigen auch die Chancen, die Große Raubmöwe, Skua, die in der Umgebung große Brutplätze besitzt, zu Gesicht zu bekommen.

Links:
Der Fluss Jökulsá á Fjöllum verdankt seine Geburt Europas größtem Gletscher, dem Vatnajökull. Von dessen nördlichem Rand aus sucht er das Meer. Bevor er dieses erreicht, hat er allerdings noch etliche Meter Höhenunterschied und verschiedene Wasserfälle zu überwinden.

*Dank der riesigen Heringsschwärme sorgte das Städtchen Siglufjörður Mitte des 20. Jahrhunderts für die Hälfte der isländischen Exporteinnahmen. So stieg die Bevölkerungszahl von nicht einmal 150 im Jahre 1901 auf über 3000 im Jahre 1950. Knapp 20 Jahre später kam dann das jähe Erwachen. Da man viel zu viel aus dem Meer geholt hatte, blieben die Heringe praktisch über Nacht aus. Das heißt, es gab nicht mehr allzu viele. So ging es mit Siglufjörður wieder bergab. Und diejenigen, die hierbleiben wollten, mussten sich umstellen. Unter anderem auf Garnelen und auf den Dorsch.*

*Rechte Seite:*
*Das am Ende des Eyjafjörður gelegene Akureyri zählt rund 15 000 Einwohner und ist damit nicht nur die viertgrößte Stadt der Insel, sondern auch das wirtschaftliche, kulturelle und – mit der Universität – wissenschaftliche Zentrum des Nordens.*

*Mit einer Höhe von mehr als 40 Metern und einer Wasserführung von über 200 Tonnen pro Sekunde gilt der in einer riesigen Steinwüste gelegene Dettifoss als der größte Fall Europas. Der schönste Blick auf das beeindruckende Naturschauspiel bietet sich vom westlichen Ufer aus.*

*Bei diesem Fluss nahe dem Vulkan Krafla ist Vorsicht angeraten. Denn man kann sich an ihm im wahrsten Sinne des Wortes die Finger verbrennen. Im Kraftwerk, das ganz in der Nähe im Jahre 1977 errichtet wurde, wird der feurige Atem der Erde wirtschaftlich genutzt. Das größte technische Problem sind die sich ständig ändernden Verhältnisse beim Austritt.*

*Auch wenn er seinem Namen alle Ehre macht und die vielen Besucher, die hierher kommen, ein gar trauriges Lied von den Attacken der Mücken singen können, zählt der Mývatn („Mückensee") zu den meistbesuchten touristischen Orten Islands. In der Tat bietet der – mit knapp 40 Quadratkilometern – viertgrößte See des Landes ein besonders malerisches Bild. Und auch seine Umgebung wartet mit einer grandiosen Natur auf.*

*Weit schweift der Blick von der Landspitze Hringsbjarg über die aus Felsgestein und Wasser gemachte Landschaft. Die im Norden der Insel gelegene Halbinsel Tjörnes ist nicht nur als besonders guter Platz für Vogelbeobachtungen bekannt, sondern sie lässt auch die Herzen von Fossiliensammlern höher schlagen.*

*Seite 64/65: Wintereinsamkeit am Reyðarfjörður. Auch wenn man sich inzwischen nicht mehr nur des Islandpferdes bedienen muss, sondern das Automobil zur Verfügung hat, sind die Wege zu dieser Zeit oft nur unter Schwierigkeiten oder gar nicht passierbar. In dieser Abgeschiedenheit zu leben, ist sehr schwer.*

*Zu den faszinierenden geothermischen Erscheinungen des Krafla-Gebietes gehören Schlammtümpel und -löcher. Hier pfeift, zischt und brodelt es unaufhörlich und man wähnt sich in des Teufels Küche – die jeden Augenblick in die Luft gehen kann.*

*Die Vulkanspalte Leirhnjúkur gehört zu den vielen Höhepunkten des Mývatn-Gebietes. Seit dem letzten großen Ausbruch sind erst rund zweieinhalb Jahrzehnte vergangen. So glänzt denn auch das junge Lavafeld pechschwarz in der Sonne.*

*Rechte Seite:*
*Ein zweites Mal Leirhnjúkur – diesmal jedoch aus einer anderen Perspektive. Noch ist die Oberfläche der Erde nicht ganz verschlossen. Es zischt und brodelt aus allen Ecken und Enden. Rauch- und Dampfwolken steigen zum Himmel. Und es scheint, als wäre der Pfad, der diese bizarre Welt erschließen hilft, kein Rundweg, sondern führe schnurstracks in die Hölle.*

*Der Fáskrúdsfjörður im harten Griff des Winters. Während das Innere des langen, schmalen Fjords – an den sich übrigens eines der für Island so seltenen Waldgebiete anschließt – von bis zu 1000 Meter hohen lavabedeckten Bergen gesäumt wird, geht es in Meeresnähe nicht mehr ganz so imposant zu.*

*Würde nicht der Breiðamerkurjökull in ihn kalben, wäre der Jökulsárlón nur einer unter vielen Gletscherseen. So aber schwimmen dort Eisberge herum, die den Touristen ihre zwar kalte, nichtsdestotrotz sehr attraktive – sprich: in den verschiedensten Farben leuchtende – Schulter zeigen.*

*Aus der Nähe gesehen scheinen die Eisberge im Jökulsárlón noch größer und schöner als sie es schon sind. Der Faszination dieser Begegnung mit dem ewigen Eis, das – in unvorstellbaren Zeiträumen entstanden und gewachsen – nun allmählich seinem Ende entgegensieht, kann sich kaum jemand entziehen.*

*Der Winter ist gekommen und hat eine weiche Decke aus Schnee über den Jökulsárlón ausgebreitet. Die, eigentlich von Natur aus weiß, leuchtet nun in einem geheimnisvollen kalten Licht.*

*Zur im Jahre 1967 ausgerufenen zweitgrößten Naturschutzzone Islands, dem Nationalpark Skaftafjell, gehört auch der Svinafelssjökull. In seiner Nachbarschaft ragt der Hvannadalshnjúkur aus dem Eis. Er misst 2119 Meter und ist damit der höchste Berg des Landes.*

*Der Skeiðará gehört zu jenen Gewässern, mit denen der Vatnajökull beziehungsweise seine Gletscherzungen Sand und Geröll gen Meer schicken. Und zwar so viel, dass der Fluss ständig seinen Lauf verändert und mit ihm die Landschaft. Unter diesen extremen Bedingungen die Straßenverbindung immer aufrechtzuhalten, erfordert höchsten materiellen und technischen Aufwand.*

*Vom Zeltplatz des Nationalparks Skaftafjell bedarf es nur eines kurzen Fußweges von etwa einer halben Stunde, um zum Svartifoss aufzusteigen. Dort werden jetzt – im Winter – keine Wasserspiele mehr geboten. Stattdessen steht Eistheater auf dem Spielplan. Ein Stück aus lauter Stille und „nur" in Schwarz und Weiß – aber unvergesslich!*

*Wanderer auf dem Skaftafellsjökull. Hier scheint der rechte Platz, um das Gefühl für das rechte Maß des Lebens, das in der Hektik des Alltags verlorengegangen ist, wiederzugewinnen.*

*Seite 72/73:*
*Auch dieser Fluss im Süden Islands ist nicht nur Wasser-, sondern auch Lastenträger. Das heißt, auf seinem Weg zum Meer führt er den Schutt der Gletscher mit sich und zögert so listig sein Ende, sprich: seine Mündung, immer weiter hinaus.*

*Bauerngehöft bei Höfn. Im Hintergrund der Fláajökull, dessen lange Zunge bis ins Tiefland hinunterreicht. Doch so verlockend sich das Eis auch gibt, so gefährlich ist dessen Begehung. Gerade dieser Gletscher ist wegen seiner vielen Spalten bekannt – und gefürchtet.*

*Blick auf den Skaftafellsjökull. Er gehört zu jenem östlichen Teil des riesigen Vatnajökull, mit dem sich dieser vor dem Meer verneigt. Mitunter geschieht das so vehement, dass die Eisfront in einer Stunde fünf Meter vorwärtsrückt.*

*Der Bewuchs auf dem Lavafeld beweist, dass der Ausbruch schon einige Zeit zurückliegt. Im Hintergrund ist die Hekla zu erkennen, deren Aktivität die aller anderen Vulkane weit übertrifft. Gleich mehrere verheerende Ausbrüche haben dem zur Gruppe der sogenannten Spaltenvulkane gehörenden Berg zu trauriger Berühmtheit verholfen.*

*Das Islandpferd besitzt die Fähigkeit, sich in fünf Gangarten fortzubewegen. Neben dem Schritt, Trab und Galopp beherrscht es noch den Pass und den Tölt. Auf der Insel gibt es rund 80 000 dieser Tiere und auch in Deutschland sollen es inzwischen an die 30 000 sein.*

# Abenteuer pur – das Hochland

War die menschenverlorene Schotterwüste des zentralen Hochlands früher allenfalls ein Refugium für Ausgestoßene, zieht es heute Besucher aus aller Herren Länder an. Die einen mit schweren Rucksäcken bepackt, die anderen mit Geländefahrzeugen unterwegs. Doch unter deren Rädern wird die dünne Krume zur Staubwolke. Ein Glück, so nicht wenige Einheimische, dass die Pisten nur zwei, drei Sommermonate offen sind.

Bevor die amerikanischen Astronauten ihren Fuß auf den Mond setzten, haben sie im Hochland trainiert. Und zwar in der Askja, einer gigantischen Absenkung, die ihre Entstehung dem Umstand verdankt, dass die Erde darunter ihren Bauch leergespien hat. Mögen sich die Amerikaner hier wie auf dem Mond gefühlt haben, so denken „normale" Touristen eher ans Inferno. Dringt doch des Teufels schwefliger Gestank aus allen Spalten. Auf dass nicht der geringste Zweifel über diesen Ort bestehe, heißt der mit warmem Wasser gefüllte Krater Víti in deutscher Übersetzung „Hölle".

Vor ungefähr 200 Jahren floss das Gestein nördlich des Mýrdalsjökull auf einer imaginären Linie von rund 25 Kilometern aus mehr als 100 Kratern aus der Erde. Seither sind hier über 500 Quadratkilometer mit einer dunklen Haut überzogen. Das Skaftáreldahraun genannte Gebiet um die Lakikrater ist das größte in historischer Zeit entstandene Lavafeld Islands.

Ein weiterer Ort der Superlative im Hochland ist die „Feuerschlucht" Eldgjá. Wer seinen Fuß in den über 30 Kilometer langen und mehr als einen halben Kilometer breiten Erdriss setzt, darf den Ruhm für sich in Anspruch nehmen, in der größten Eruptionsspalte der Erde gestanden zu sein.

*Oben:*
*Die „Heißen Quellen der Landmänner" (Landmannalaugar) sind einer der Höhepunkte des isländischen Hochlandes. Man erreicht sie über den Fjallabaksleið nyrðri. Der „nördliche Weg hinter den Bergen" war früher eine der wichtigsten Verbindungen zwischen dem westlichen und dem östlichen Teil Südislands.*

*Links:*
*Schlucht in der Nähe der Askja, einer riesigen Caldera nördlich des Vatnajökull. Hier in dieser Gegend, die tatsächlich an eine Mondlandschaft erinnert, übten die Astronauten der NASA, ehe sie unseren Erdtrabanten betraten.*

Manche mögen's heiß, andere wiederum kalt. Landmannalaugar kann beide befriedigen. Gibt es doch hier nicht nur heißes, sondern auch kaltes Wasser. Zum Beispiel im Frostastaðavatn.

Wer glaubt, in den paar Sommerwochen, in denen die Pisten befahrbar sind, an den „Heißen Quellen der Landmänner" mit sich und der grandiosen Natur allein zu sein, der ist auf dem Holzweg. Beginnt doch hier Islands berühmtester Fernwanderweg. So gibt es, Gott sei Dank, schon bald Gelegenheit zur Entflechtung.

*Islands Busnetz ist dicht geknüpft und auch das Hochland bildet kein wirkliches Hindernis. Um dort durchzukommen, bedarf es allerdings vor allem einer besonderen Bodenfreiheit. Anders gesagt: Die Fahrzeuge sind ausgesprochen langbeinig.*

*Wer sich in das Hochland wagt, tut gut daran, nicht an der Ausrüstung zu sparen. Denn es ist nicht immer, dass ein Sprung genügt, um einen Wasserlauf zu überwinden. Nicht selten muss man auch mittendurch.*

*Seite 80/81:*
*Nachdem Schnee und Eis lange gezögert haben, das Terrain zu räumen, geht nun alles sehr schnell. Die Landschaft ergrünt und die Blumen, kaum aus dem Boden, zeigen schon ihre Blüte. Kein Zweifel: Der Sommer ist angekommen in Landmannalaugar.*

*Von den verschiedenen Möglichkeiten, Landmannalaugar zu erkunden, ist jene auf dem Rücken eines Islandpferds gewiss nicht die schlechteste. Die für den Reiter angenehmste Gangart ist der Tölt. Dabei bewegen sich die Pferdebeine wie im Schritt, nur wesentlich schneller. So kann selbst ein ungeübter Reiter ruhig im Sattel sitzen.*

*Die Berge um Landmannalaugar sind für ihre außergewöhnliche Farbenpracht bekannt. Diese rührt von den reichen Ryolithvorkommen her, einem kieselsäurehaltigen Ergussgestein, das – abhängig vom Sonnenstand sowie der Luftfeuchtigkeit – rot, braun, gelb oder grün leuchtet.*

*Ganz offensichtlich hat es die Natur bei der Gestaltung dieser Hochlandidylle an nichts fehlen lassen. Dementsprechend ist auch die Wirkung. Und je länger man das Bild betrachtet, desto mehr Details entdeckt man, desto besser versteht man die Botschaft.*

*Was des einen Not, ist des anderen Freude. Konkret heißt das, dass Angler hier am falschen Ort wären. Doch was den Fischen zu heiß ist, kann den Menschen nur recht sein. Zum Beispiel am Morgen, wenn es darum geht, sich nach einer kalten Nacht im Zelt wieder aufzuwärmen.*

*Licht-Spiele auf dem Eis des Langjökull. Der „Lange Gletscher“ ist der zweitgrößte Eisriese des Landes. Er umfasst eine Fläche von rund 950 Quadratkilometern. Der Weg dorthin führt durch das Kaltidalur. Er folgt einem alten Reitpfad zu den Þingversammlungen. Gerade weil diese Piste grandiose Aus- und Einblicke liefert, ohne allzu hohe Anforderungen an den Fahrer zu stellen, ist sie der ideale Einstieg für längere und schwierigere Vorstöße in das Hochland.*

Winter in der Askja. Die gigantische Caldera entstand durch Absenkung eines zuvor durch vulkanische Aktivitäten entstandenen Hohlraumes tief im Innern der Erde. Der erste bekannte Ausbruch war 1875, der – bislang – letzte ereignete sich 1961. Die Lava ergoss sich damals über eine Fläche von über zehn Quadratkilometern.

Die „Ebene der heißen Quellen“ (Hveravellir) beeindruckt nicht nur durch das Getöse und den Lärm, mit denen Wasser und Dampf der Erde entweichen, sondern auch durch die farbenprächtigen Sinterablagerungen.

*Island ist sowohl zu Lande als auch auf dem Wasser und in den Wolken – zu jeder Jahreszeit – für ein Abenteuer gut. Um mit einem Hundeschlitten den Langjökull zu befahren, bedarf es allerdings nicht nur Erfahrung, sondern auch guter Kondition.*

*Absolutes Highlight der gigantischen Caldera der Askja ist der „Víti". Der legendäre Kratersee – zu deutsch „Hölle" – entstand nach einem Vulkanausbruch im Jahre 1875. Er hat einen Durchmesser von rund 100 Metern und die Wassertemperaturen liegen zwischen 40 und 50 Grad Celsius.*

*Auf dem Vatnajökull. Der 8300 Quadratkilometer große Supergletscher, der sich 700 bis 800 Meter über dem Meer erhebt, prägt den Südosten Islands. An manchen Stellen ist seine Eisdecke bis zu 1000 Meter dick. Wie so ziemlich alles auf der Insel sind Gletschertouren nicht billig, lohnen aber die Ausgabe.*

*Auf dem Weg zur Askja sind nicht nur ausgedehnte Lavawüsten, beschwerliche Schotterfelder und tiefe Schluchten zu überwinden, sondern auch – teils tiefe – Wasserläufe. Die Jeeps sind diesen Anforderungen in der Regel gewachsen. Der größere Unsicherheitsfaktor ist der Mensch.*

*Der Gullfoss zählt zu den schönsten Wasserfällen des gesamten Landes. Am Abend wird das Sonnenlicht in den herabtosenden Wassermassen rotgolden reflektiert. Dort wo feiner Sprühregen immerfort das Ufer benetzt, konnte sich eine vielfältige Pflanzenwelt ansiedeln.*

*Der vereiste Goðafoss. Beim Anblick dieser kalten Winterlandschaft könnte man fast vergessen, dass darunter und zum Teil gefährlich nahe die Erdfeuer lodern und jederzeit ausbrechen können. Doch diese enge Nachbarschaft von Feuer und Eis ist es gerade, die viele nach Island lockt.*

*Rechte Seite:*
*Ein Spektakel, das jeder Islandreisende einmal gesehen haben will: Die Dampf- und Wassersäule des Geysirs Strokkur schießt bis zu 20 Meter in den Himmel. Nach dem plötzlichen Ausbruch ist ebenso schnell auch wieder Ruhe – die währt aber nur etwa zehn Minuten bis zum nächsten Ausbruch.*

# Register

Hornstrandir
Ísafjarðardjúp
Jökulfirðir
Dranga-jökull
Bolungarvík
Suðureyri
Hnifsdalur
Unaðsdalur
Sæból
Ísafjörður
Súðavík
Melgraseyri
Arnarfjörður
Ögur
Rauðamýri
Þingeyri
Gláma
Bíldudalur
Tálknafjörður
Hólmavík
Hnjótur
Patreksfjörður
Brjánslækur
Reykhólar
Flatey
Saurbær
Prestba
Skarð
Breiðafjörður
Staðarfell
Búðarda
Stykkishólmur
Hvammsfjörður
Hellissandur
Rif
Ólafsvík
Snæfellsnes
Staðarstaður
Kolbeins-staðir
Hellnar
Akrar
Borgarnes
Faxaflói
Akranes
Reykjavík
Garður
Hafnar-fjörður
Kópavogu
Sandgerði
Garðabær
Keflavík
Vogar
Hveragerði
Njarðvík
Grindavík
Þorlákshöfn

Miðgarður
Grimsey
Raufarhöfn
Grjótnes
Melrakkaslétta
Þistilfjörður
Mánáreyjar
Kópasker
Sauðanes
Langanes
Svalbarð
Þórshöfn
Öxarfjörður
Skjálfandi
Siglufjörður
Bakkaflói
Sandfells-hagi
Hraun
Lón
Bakkafjörður
Brúnastaðir
Ólafsfjörður
Húsavík
Ásbyrgi
Skagafjörður
Hvalnes
Dalvík
Hrísey
Laxamyri
Grenivík
Hofsós
Vesturdalur
Hauganes
Ydalir
Vopnafjörður
Skagaströnd
Sauðár-krókur
Viðvík
Vopnafjörður
Héraðsflói
Svalbarð-esyri
Laugar
Ketilsstaðir
Blönduós
Akureyri
Reykjahlíð
Grímsstaðir
Húsey
Borgarfjörður
Tjörn
Mývatn
Bakkagerði
Reykir
Hunaver
Hrafnagil
Hofsá
Hnausar
Miklibær
Saurbær
Jökulsá á Fjöllum
Fossvellir
Eyjafjarðará
Eiðar
Hvamms-tangi
Eyvindar-staðir
Moðrudalur
Skjöldófs-staðir
Fellabær
Seyðisfjörður
Ódáðahraun
Egilsstaðir
Goðdalir
Laugarbakki
Héraðsvötn
Hólar
Lögurinn
Neskaupstaður
Skjálfandafljót
Brú
Eskifjörður
Fljótsdalsheiði
Reyðarfjörður
Fáskrúðsfjörður
Askja
1460
Sprengisandur
Stöðvarfjörður
Kjölur
Hofsjökull
1763
Breiðdalsvík
Snæfell
1833
Húsafell
1355
Djúpivogur
Langjökull
Vatnajökull
Starmyri
Breiðabunga
Stafafell
1719
Nesjahverfi
Brunnhóll
Nesjum
Höfn
Laugar-vatn
Tungufell
Smyrlabjörg
Þjórsá
Hrollaugsstaðir
Reykholt
Fluðir
Burfellsstod
Skeiðarár-jökull
Breiðamerkur-jökull
2119
Bölti
Freysnes
Hekla
1491
Skaftafell
Hofsnes
Fagurhólsmyri
Hella
Keldur
Kirkjubæjar-klaustur
Skeiðarársandur
Ingólfshöfði
Hvolsvöllur
Múlakot
Myrdals-jökull
Úthlíð
Akurey
Stóridalur
1666
1450
Efriey
Myrar
Skógar
Heimaey
Vík

*Reittouren werden im Pferdeparadies Island an vielen Orten angeboten. Die Tiere sind bekannt für ihre Geduld und Sanftmut. Denn, und das ist doch sehr beruhigend, sie ertragen noch so große Lasten, ohne sie abzuwerfen.*

*Umschlag vorne:*
*Oben:*
*Der Jökulsárlón ist ein 160 Meter tiefer See, der durch den mächtigen Talgletscher Breiðamerkurjökull gespeist wird. Die in (fast) allen Farben funkelnden Eisberge bieten einen fast unwirklichen Anblick.*

*Unten:*
*An Wasserfällen mangelt es Island wahrlich nicht. Zu den spektakulärsten gehört der an der Südküste gelegene Skógafoss, wo das Wasser 60 Meter in die Tiefe stürzt. Einer alten Legende zufolge soll hier ein Goldschatz verborgen sein.*

*Umschlag hinten:*
*Auf den Norweger Flóki Vilgerðarson, der vor rund 1140 Jahren im heutigen Vatnsfjörður an Land ging, geht die Bezeichnung Island („Eisland") zurück. Er hielt es übrigens nur zwei Winter auf der unwirtlichen Insel aus und reiste dann wieder in seine alte Heimat zurück.*

# Impressum


Buchgestaltung
hoyerdesign grafik gmbh, Freiburg

Karte
Fischer Kartografie, Aichach





Printed in Germany
Repro: Artilitho, Trento-Lavis, Italien
Druckerei Ernst Uhl GmbH & Co. KG,
Radolfzell am Bodensee




ISBN 978-3-88189-686-3

Unser gesamtes Programm finden Sie unter:
www.verlagshaus.com